छप्पन वारिस

हिंदी कविता, शायरी

भगवती प्रसाद पंत

ISBN 979-8-88869-300-1

मेरी पहली पुस्तक **'नज़रिया'** को आपका अपार स्नेह और प्रोत्साहन प्राप्त हुआ जिसने मुझे यह नई किताब **'छप्पन वारिस'** लिखने को प्रोत्साहित किया। मेरे पूज्यनीय **माता-पिता,** मेरे मित्र **श्री कमल कुमार चौधरी जी, श्री प्रदीप माथुर जी, काव्य मंच से जुड़े सभी साथी** और स्नेही **नमिता पांडे जी** के विशेष सहयोग से कदम-कदम बढ़ाते हुए मेरा यह सफर यहाँ तक पहुँचा है। आशा है आप सभी अपना बहुमूल्य विश्लेषण जारी रखते हुए मुझे निरंतर प्रेरित करते रहेंगे।

विषय सूची

प्रस्तावना **9**

आभार **11**

अध्याय 1 - प्रेम **13**

1. इश्क की डायरी 15
2. बुझती ठंडी राख 17
3. उसका हममम... कहना 18
4. रोजाना सफर 19
5. मैं कौन हूँ? - भाग 1 20

अध्याय 2 - साहस **23**

1. कार का टायर 25
2. जीने के दस तरीके 27
3. हमारा वजूद 29
4. सुकून का बिस्तर 30
5. वहम 31
6. जरूरतों का बाजार 33
7. पहचान करो 34
8. अधूरी चीजें 35
9. हवाई यात्रा 36
10. मैं कौन हूँ? - भाग 2 37

अध्याय 3 - समाज. 39

1. मैं हिन्दू हूँ! . . 41
2. ऐ वतन! . . . 43
3. बहत्तर हूरें . . 45
4. पत्थरबाज . . 47
5. चुनाव चिन्ह लूट . . 48
6. सेल्फी . . . 49
7. पहाड़ और आपदा . . 50
8. सीसीटीवी की आँखें . . 52
9. फाइव स्टार अस्पताल . . 53
10. शहर . . 54
11. मैं कौन हूँ? - भाग ३ . . 56

अध्याय 4 - नौकरी. 59

1. कितना कमा लेते हो? . 61
2. लोन . . 62
3. बौस की मीटिंग . . 63
4. मैं टिफिन हूँ . . 64
5. इंटरव्यू . . 65
6. औफिस कैब के लोग . . 66
7. यमराज से वीडियो काल . . 68
8. आउटसोर्सिंग . . 70
9. ठेले के मेले . . 72
10. आफिस का प्रिंटर . . 74
11. पंचनामा . . 75

अध्याय 5 - कवि की कल्पना 77

1. मेरी सूरत पे न जा! 79
2. स्पीड ब्रेकर 80
3. जानवर की जुबान 82
4. मौत! कुछ तो बता 84
5. रोटी 86
6. कुत्ते का संदेश 87

अध्याय 6 - नज़रिया से 89

1. मेरी नटखट बिटिया 91
2. बिना टिकट रेल सफर 92
3. प्लूटो 93
4. ब्लैक होल 95
5. खोटा सिक्का 97
6. धुँए की बदली 99
7. तुम बिन जीवन 101
8. जीवन के प्रश्न पत्र 103
9. गुमशुदगी का इश्तिहार 105
10. सफल बनने की किताबें 107
11. गीदड़ से दंगल 108
12. वानर 110
13. चवन्नी भर इंसानियत 112

प्रस्तावना

इस पुस्तक को 6 अध्यायों में संकलित किया गया है-

अध्याय 1 "प्रेम" -प्रेम हर सदी में सबसे प्रचलित, एक बेहद संवेदनशील विषय है। प्रेम पर कुछ गहरी और कुछ व्यंग भरी कविताएँ हैं।

अध्याय 2 "साहस" - **साहस** जीवन में आगे बढ़ने की एक मूलभूत आवश्यकता है जहाँ मैंने कविताओं के द्वारा ऊर्जा उत्पन्न करने का प्रयास किया है।

अध्याय 3 "समाज" - **समाज** और सरकार के कार्य करने के अपने मानदंड हैं। अनेकों पहलुओं को उजागर करती और व्यंग्य के द्वारा आइना दिखाती मेरी कविताएँ इस भाग में मिलेंगी।

अध्याय 4 "औफिस"- लगभग हम सभी **औफिस** और कारोबार से जुड़े हैं। आफिस संघर्ष पर लिखी कविताएँ यहाँ बटोरी गई हैं।

अध्याय 5 "कवि की कल्पना"- **कवि की कल्पनाशक्ति** का आयाम प्रदर्शित करती और हमारे आसपास की छोटी-बड़ी गौड़ चीजों पर लिखी गई कविताएँ हैं।

अध्याय 6 "नज़रिया से" पहली किताब **'नजरिया'** की चुनिंदा कविताओं का संकलन है।

आभार

यह किताब मेरी पत्नी मोनिका को धन्यवाद है,

जिनके सहयोग के बिना मैं एक पंक्ति भी नहीं लिख पाता हूँ।

अध्याय 1 - प्रेम

लोग कहते हैं वीरानियों में भूत पनपते हैं,
हाँ, इच्छाएं मरती नहीं, प्रेत बनती हैं।

- इश्क की डायरी

बस तू सिंदूर की डिबिया में,
मुझको पूरा भरकर ले जाए।

- बुझती ठंडी राख

इश्क की रसीदों में जीएसटी बिल हो जैसे,
मैंने दर्द की कीमतें भी ईमान से चुकाई हैं।

- रोजाना सफर

1. इश्क की डायरी

डायरी लिखने लगा तो स्याही सूख गई,
इश्क की डायरी लहू से लिखते हैं।

बस लहू होता, तो डायरी भीग जाती,
उजड़ी साँसों की सूखी हवा, नम जज़्बात चाहिए,
किरदारों को जिन्दा बनाने के लिए।

कहानी में ढेरों किरदार हैं,
कुछ पसंदीदा और कुछ नहीं।

जो लड़ा नहीं, वो हार गया,
सब समझाते हैं, बताने के लिए।

लड़ने वाले की भी जीत पक्की नहीं होती,
इश्क में हारना ही जीत है।

कुछ तो भरम चाहिए,
हारी लाशों को जगाने के लिए।

ईंट-ईंट बनती इश्क की इमारतें,
ईंट-ईंट ढहती इश्क की इबारतें।

इन खंडहर की वीरानियों को,
एक चौकीदार भी चाहिए निगरानी के लिए।

लोग कहते हैं वीरानियों में भूत पनपते हैं,
हाँ, इच्छाएं मरती नहीं, प्रेत बनती हैं।

डायरी का कोरापन भी अनंत रहता है,
नए किरदार ढूंढो, कुछ नए बहाने के लिए।

2. बुझती ठंडी राख

बुझती हुई ठंडी राख से,
जब धुँआ-धुँआ छाया।

लोग हाथ सेक कर निकल लिए,
मुझे तेरा खयाल आया।

तू कानों में फूँक-सी भर देती है,
मैं जब भी बुझने वाला होता हूँ।

मैं दिल खोल के हँस लेता हूँ,
और खुद ही जलने लगता हूँ।

ये रिश्ता अजब-सा बनता है,
मैं शोला, तू शबनम दिखता है।

चाहत नहीं कोई मुझे मंदिर का,
भभूत समझ पुड़िया में दबाए।

बस तू सिंदूर की डिबिया में,
मुझको पूरा भरकर ले जाए।

3. उसका हममम... कहना

रीचार्ज करवाते उसका प्रथम दर्शन हुआ,
मेरे हृदय ने तत्काल आत्मसमर्पन किया!

उसका नंबर जुटते ही एसएमएस लिखा "हैलो",
तीसरे दिन सहसा उत्तर मिला "बोलो?"

बात बढ़ाई, तो जवाब "हममम..." मिलने लगा,
सिलसिला मैसेजिंग का यूँ ही चलने लगा।

हफ्तों एसएमएस की रेल बनाई,
हर "हममम....." में वो तनहा-सी नजर आई।

इक रोज मैंने वो तीन शब्द भेज दिए,
उसके "हममम....." में सतरंगी सपने
सेज लिए।

उधार लेकर डेट को टेबल बुक करवाई,
एसएमएस में उसे टेबल नंबर भी भिजवाई।

मुझे हममम... की हेराफेरी दी दिखाई,
क्योंकि डेट टेबल पर एक आंटी नजर आई।

मैंने अफरातफरी गरदन की दिशा बदल दी,
सच्चाई भाप वह भी "हममम...." कहकर चल दी।

4. रोजाना सफर

रोजाना सफर की लत कुछ यूँ लगाई हैं,
साइड मिरर में छूटती परछाइयाँ झुठलाई हैं।

बैठी सवारियों को सीएनजी पर उतरवाकर,
दिल के सिलेंडर में तेरी यादें भरवाई हैं।

जेसीबी से कुरदते जख्मों की चीखों को,
बेवजह हार्न के शोरों में छिपाई हैं।

बेवजूद साँसें खींच रहा हूँ तेरे बिन,
खाली सड़कों पर भी ब्रेक दबाई हैं।

तू सूरज-सी बादलों में छिप गई कहाँ,
मैंनें सोलर पैनल-सी टकटकी लगाई हैं।

प्रेम के जहर को बदन में घोलने,
शीशों की रंगीन बोतलें ठेकों से मंगाई हैं।

इश्क की रसीदों में जीएसटी बिल हो जैसे,
मैंने दर्द की कीमतें भी ईमान से चुकाई हैं।

5. मैं कौन हूँ? - भाग 1

मैं वो हर उपग्रह जो बेवजह सूरज के चक्कर लगाए।
मैं वो हर तारा जिसे ब्लैक होल निगल जाए।
मैं वो हर राकेट जो रास्ते में फट जाए।

मैं वो हर बंजर खेत जिसमें कोई जड़ ना आए।
मैं वो हर नदी जो समंदर से पहले सूख जाए।

मैं वो हर राख जो कभी ठंडी ना हो पाए।
मैं वो हर साईनबोर्ड जो कोई राह न बताए।

मैं वो बोझ भरा हर ट्रक जो चुपचाप सरकता जाए।
मैं वो हर सिग्नल जो कोई सिग्नल ना दिखाए।

मैं वो हर मेन्यू कार्ड जिससे कोई आर्डर न मंगाए।
मैं वो हर कुँआ जिसमें बस कूदने हर कोई आए।

मैं वो हर किताब जिसपर जिल्द ना चढ़ पाए।
मैं वो हर बंदरगाह जो टूटे लंगर लगाए।

मैं वो हर हवाई जहाज जो कभी उपर ना उड़ पाए।
मैं वो हर झरने का पानी जो नीचे ना गिर पाए।

मैं वो हर संगीत जो बस लबों में अटक जाए।
मैं वो हर दवा की परची जो समझ ना आए।

मैं वो गली का हर आवारा लड़का जो मुफ्त बदनाम
हुआ जाए।
मैं वो शादी का हर कार्ड जो कभी ना बाँटा जाए।

मैं वो हर बंदूक की गोली, जो खुद को ही
लग जाए।
मैं वो हर मौका जिसको आरक्षण निगल जाए।

मैं वो हर फूल जो मंदिर में कुचला जाए।
मैं वो हर भीख जो माँग कर भी ना मिल पाए।

मैं वो हर लाश जिसको कोई काँधा न लगाए।
मैं वो जीवन का हर लमहा जो तुझ बिन जिया जाए।

अध्याय 2 - साहस

कभी ऊँचा गियर लगा ले या कभी धीमे चल,
सफर में जीने का एहसास, तभी बनाएगा।

- कार का टायर

सोचो! हम क्या-कितना बटोर कर मरेंगे?
बाँटे बिना तो अमीर भी गरीब ही होते हैं।

- हमारा वजूद

जिन्दगी ने जब वायवा लिया तो,
बेस्ट स्टूडेंट होने का वहम निकल गया।

- वहम

1. कार का टायर

मेरे तीन यार और एक मक्कार,
कार में रोज सफर साथ निकलते हैं।

इक टायर इधर-उधर डगमग-डगमग,
बाकी तीनों सीधे सरपट चलते हैं।

सर्विस भी मैंने कई करवाई,
एक्सेल भी पूरी ली बदलवाई।

शंका हुई क्या कोई शैतानी है?
कभी लगा कंपनी ही बेइमानी है।

इक रोज वह बेकाबू चक्का जो,
बीच सड़क-आधी रात पंचर हुआ।

खूब कोसा उस कलमुहे को मैंने,
नया टायर फिट करने का जुगत किया।

अड़ियल टायर बोला, अरे ठहर!
रोज तू अपनी-मेरी सड़कों पे घिसाता है।

ख्वाबों के पीछे दौड़, अपनों को छोड़,
दूसरों को पछाड़ने की रेस दबाता है।

मैं तो तुझे बस सही राह ही बता रहा हूँ,
बाकी कारों-टायरों सा घिसने से बचा रहा हूँ।

इक दिन स्पीडगन का ये सैकड़ा,
तेरे काबू से बाहर चला जाएगा।

कोई नए कार का सुपर मौडल,
तेरी टौप स्पीड निगल जाएगा।

कभी धीरे भी तो चल लिया कर,
सफर में थोड़ा लुत्फ भर लिया कर!

मैं जहाँ थोड़ा टेढ़ा हो जाऊँ, वहाँ थमकर,
अपनों संग चाय या जाम भी पिया कर।

जीवन की अंधी दौड़ में तू हरदम,
हर नई मंजिल तक पहुँच ना पाएगा।

कभी ऊँचा गियर लगा ले या कभी धीमे चल,
सफर में जीने का एहसास, तभी बनाएगा।

2. जीने के दस तरीके

बाइस बरस का वह नवयुवक,
अभी सही नौकरी ना लग पाई।

प्रेम बिछोह में व्यथित बहुत था,
जीवन से उम्मीदें भी भर आईं।

खोजे "मरने के दस तरीके" इंटरनेट पर,
तभी हेडलाइन पे महिला नजर आई।

पेज लोड हुआ!

अरूनिमा ने एक पैर से ही सातों चोटी लाँघी,
पैरालिंपिक में अवनि गोल्ड लाई।

उसने चाय मंगाई!

कालीदास, तुलसी को जब स्त्री-निरादर हुआ,
कालजयी रामचरितमानस और मेघदूतम् तभी रच पाईं।

गरीब लंगर बाबा, शरीफ चाचा को परोपकार से पदमश्री,
सचिन ने मेहनत से ही १०० सैंचुरी लगाई।

उसने और पढ़ना तो जाना!

लक्ष्य साध मछुवारे का बेटा राष्ट्रपति कलाम,
ट्रेन से धक्का खाकर ही गांधी ने आजादी की कसम खाई।

वह धर्म निष्ठा ही थी जो साहबजादों ने,
दीवारों में चुनकर भी सिकन न दिखाई।

चाय खत्म हुई, उसने माना कि!

जीवन में इम्तिहान सबका अलग-अलग है,
बदले में सदियों की कीर्ती आई।

फिर उसने "जीने के दस तरीके" सर्च किया,
और मुस्कुराकर एक नई ऊर्जा पाई।

3. हमारा वजूद

जब बचपन के अनूठे सवाल भूलने लगते हैं,
वहीं से हम ढलना शुरू होते हैं।

खुलकर हँस लें अपनी बेवकूफियों पर भी कभी,
समझें कि सारे सपने पूरे कहाँ होते हैं।

टूटे रिश्ते, कई हारी लड़ाइयाँ भी तो सबक हैं,
फिर जीत पर ही क्यों सजदे होते हैं।

बढ़ाते नहीं मदद का हाथ किसी को मील पर,
मंजिल पर पहुँचने पर भी अकेले होते हैं।

जो मिलते हैं उनकी कद्र नहीं होती,
और प्यार खोजते-2 बूढ़े होते हैं।

सोचो! हम क्या-कितना बटोर कर मरेंगे?
बाँटे बिना तो अमीर भी गरीब ही होते हैं।

4. सुकून का बिस्तर

चंद किताबें पढ़कर भी वो हौसला न आया,
जो ठोकर खाकर चलने में कमाया।

मेरी दौलत, तेरी हैसियत सब बेइमानी है,
गर तू-मैं जरूरत पे काम न आया।

किस्मत का लड्डू या मेहनत का फल,
हाथ खोलने पर ही हाथ आया।

है मचा कोहराम दुनिया में बाहर,
जीता वही जिसने भीतर काबू पाया।

बदलते रहते हैं रिश्ते, मतलब और जज़्बात,
कौन इस दुनिया में जन्नत से धुलकर आया।

हर इक ख्वाब, हर इक हसरत,
तो खुदा की भी पूरी नहीं हुई।

इसी सुकून से हमने हर रात,
अपना बिस्तर बिछाया।

5. वहम

कुछ ख्वाहिशों को,
जिन्दगी का अजगर,
जिन्दा ही निगल गया।

बहुत जब दहाड़ा वो जंगलों में,
चमड़ी उधड़ी तो,
'शेर' होने का अहम निकल गया।

बकरी और मछली भरती हैं,
पेट इस शहर में।
जब कटने लगीं तो,
बचने का समय निकल गया।

टूटते विमानों में,
डूबते जहाजों में।
जब कोई ना बचा तो,
महफूज होने का भरम निकल गया।

ये पीले खेत, ठंडी हवाएँ,
चिड़ियों का शोर।
यह सब भी चल दिए,
जब वो सनम निकल गया।

कौन सी पढ़ाई,
हुनरमंद बनाएगी हमें?
जिन्दगी ने जब वायवा लिया तो,
बेस्ट स्टूडेंट होने का वहम निकल गया।

6. जरूरतों का बाजार

ख्वाहिशों का थैला लेकर मैं बाजारों फिरा,
जिस्म के बाजारों में इश्क बड़ा सस्ता दिखा,
वफा की दुकानों पर ताला मिला।

मंदिर में घंटियाँ, मस्जिदों में अजानें थीं,
इक नया देवता जिसे 'मोबाइल' कहते हैं,
सबका सर उसके आगे झुका मिला।

नाप रहीं थी हर आँखें एक-दूसरे को,
ठूँस रही थी कचरा कई जुबान,
बहुत आदमी यहाँ बातों में जाली मिला।

थैले में हमने भरकर सस्ती खुशियाँ खरीदीं,
घर आते वो आधी रह गईं,
अपना थैला हमें आधा फटा मिला।

कुछ खुशियाँ घर पर, गमलों पर,
हथेली पर भी उगती हैं, वही सच्ची होती हैं,
सब बाजारों घूमकर हमें यह सबक मिला।

7. पहचान करो

मत फेंको खाना,
गलियों में भूख भटकती है।

फूँको नफरत के बाजारों को,
जान जहाँ पर सस्ती है।

उजाड़ दो वो काफिले,
जो जमीनें हड़पती हैं।

पहचान करो उन आँखों की,
जो इंसान निगलती हैं।

आजाद करो वो सारे पंछी,
जान उनकी हवा में बसती है।

8. अधूरी चीजें

अधूरी बातें, अधूरे काम, अधूरे रास्ते,
सब आते हैं नई संभावनाएं दिखाने को।

किसी का रूठना, छूटना, टूटना, हारना,
कितनी वजहें हैं, फिर नए फसाने को।

छोड़ दो कुछ बातें, कुछ तनाव, कुछ झूठ,
सब रख लो, तो कुछ बचता नहीं सजाने को।

कुछ सच भी अपनाने होते हैं,
वरना दौड़ते रहोगो सब कुछ पाने को।

बुरा खत्म होगा और अच्छा समय आएगा,
यह सब युक्तियाँ हैं मन को टहलाने को।

पानी, हवा, धूल, आग नहीं रुकते,
समय जिम्मेदार है सबको चलाने को।

"कर्मों" की अपनी आदत होती है,
"फल" बन लौट कर परिणाम दिखाने को।

9. हवाई यात्रा

आज पचासवीं हवाई यात्रा कर रहा हूँ,
हर बारी चैकिंग से गुजरता हूँ।

आत्माओं की चैकिंग भी यमद्वार है,
कर्मों की गठरी की स्कैनिंग लगातार है।

फूले पेट सीट बैल्ट कसना है वैसे,
जीवन में अरमानों को दबाना है जैसे।

बादलों ऊपर, गोता लगा नीचे देखो,
रेंग-रेंगकर धरती पर, हसरतों की लड़ाई है।

लैंडिंग का वक्त जब भी आता है,
सच के धरातल पर मन झटका खाता है।

जगमगाते शहर, सफेद पहाड़, नील समंदर,
कड़कती बिजलियाँ किसकी बनाई हैं!

ले चलो कोई विमान उड़ा के,
रस्सी वाले यम, भटकते नारद, यूएफओ जहाँ हैं।

सूरज-तारे आग हैं, आसमाँ अंधा है, बादल धुँआ है,
इस मायाजाल का कहो अंत कहाँ है!

10. मैं कौन हूँ? - भाग 2

मैं वो हर कैदी जो बिना जुर्म ही उमर कैद पाए।
मैं वो हर कत्ल जो मुहब्बत के नाम हो
जाए।

मैं वो हर दंगा जो बेवजह घरों को जलाए।
मैं वो आक्सीजन का हर खाली सिलेंडर जो कभी
भरा न जाए।

मैं वो हर प्लास्टिक जो कभी गल ना पाए।
मैं वो हर जाँच जो कभी पूरी ना हो पाए।

मैं वो हर मिस्ड कौल जो किसी अपने को बुलाए।
मैं वो हर पेड़ जो खंडहर में घर बनाए।

मैं वो हर बकरा जो खुदा खुद खाए।
मैं वो हर राशन जो गरीब को ना मिल पाए।

मैं वो हर जंगी फौजी जो जेलों में मर जाए।
मैं वो हर आजादी जो बंदिशों में फँसाए।

मैं हर इमारत का वो पत्थर जो नींव में गढ़ जाए।
मैं वो हर ताला जिसकी चाबी बन ना पाए।

मैं वो हर खंजर जो खुद थाने चलकर आए।
मैं वो हर बुद्धू जो लौट घर ना आए।

मैं वो हर गलत उत्तर जिसपर सब टिक लगाए।
मैं वो हर जमा पूँजी जो नोटबंदी से अवैध हो जाए।

मैं वो हर 0.001 प्रतिशत वाइरस जो डेटोल से बच जाए।
मैं वो हर दुआ जो कभी कुबूली न जाए।

मैं वो पहेली जो दिल और दिमाग को समझ ना आए।
मैं वो हर भूखा जो लंगर में भी ना खाए।

मैं वो हर चालाकी जो सादगी पर मर जाए।
मैं वो हर विधवा जो दुल्हन बनना चाहे।
मैं वो जीवन का हर लमहा जो तुझ बिन जिया जाए।

अध्याय 3 - समाज

कभी मुगल, कभी गोरों के जूतों सर झुका रहा,
वीर शिवाजी, नेता सुभाष, किसी मोदी से आस लगाता हूँ।

मैं हिन्दू हूँ, मैं सदियों सो जाता हूँ।

- मैं हिन्दू हूँ!

है आजादी जीत का जश्न माना!
बेबस किसानों और जवानों ने यह उत्सव,
हर बरस कुरबानी देकर मनाया।

- ऐ वतन

अस्पताल में भगवान दो बार याद आते हैं,
भरती होने पर और,
फिर बिल देखकर।

- फाइव स्टार अस्पताल

1. मैं हिन्दू हूँ!

मैं हिन्दू हूँ, मैं सदियों सो जाता हूँ!

भस्मासुरी मेहमान बस्तियाँ-देश जला दे,
मैं चौखट "अतिथि देवो भव" लटकाता हूँ।

चंद सिक्कों ईमान खरीदने कोई आए तो,
मैं छाती फाड़े, देश बेचने लग जाता हूँ।

मैं हिन्दू हूँ, मैं सदियों सो जाता हूँ!

गुरूद्वारे मत्था टेकूँ, ईदों गले लगाया,
फिर भी असहिष्नु कहलाता हूँ।

थोड़ा पढ़-लिख लूँ, उदारवादी-सा हो जाऊँ,
जात-पात में रमा, मोहरे-सा खेला जाता हूँ।

मैं हिन्दू हूँ, मैं सदियों सो जाता हूँ!

हर सदी हिन्दुस्ताँ का अंग छिन्न हुआ,
वतन में ही शरनार्थी बन ठोकर खाता हूँ।

अंग्रेजी में सीना चौड़ा, ब्रांड जाल में फँसकर,
गीता-वेद पढ़ने, मस्तक टीके में शरमाता हूँ।

मैं हिन्दू हूँ, मैं सदियों सो जाता हूँ!

दहका चित्तौड़ में क्यों जौहर, क्यों झूले शहीद फंदे पर,
लव जिहादी पिशाच, पीढ़ियों को ना समझा पाता हूँ।

कभी मुगल, कभी गोरों के जूतों सर झुका रहा,
वीर शिवाजी, नेता सुभाष, किसी मोदी से आस लगाता हूँ।

मैं हिन्दू हूँ, मैं सदियों सो जाता हूँ!

2. ऐ वतन!

ऐ वतन! तुझ पर क्या लिखूँ!
'आओ लूटो' का आमंत्रण,
वतन के ही दलालों ने,
गजनी और क्लाइव को भिजवाया।

मैं ब्राह्मन, तू शूद्र, वो ठाकुर, तू दलित है,
गजवा-ए-हिन्द का सपना,
कुछ ने यूँ ही नहीं सजाया।

राम बिराजे टैंट में,
गीता बनी हराम।
चिश्तियों को चादरें चढ़ा,
काफिरों ने अपना धरम निभाया।

सियासी बंदरबाँट हो या,
मुँह फाड़े घोटालों के दैत्य हो,
सबने मेहनतकश का ही जिस्म खाया।

'भाईचारे' का झुनझुना,
गूँगी-अँधी जनता को।
भारत के टुकड़े-टुकड़े,
करने वालों ने ही सुनाया।

बाँट दी गई हैं सरहदें,
हवस-ओ-कुरसी की ख़ातिर।
इन्हीं लकीरों की बेदी पर,
फिर आतंकी कैम्प लगाया।

है आजादी जीत का जश्न माना!
बेबस किसानों और जवानों ने यह उत्सव,
हर बरस कुरबानी देकर मनाया।

3. बहत्तर हूरें

मियाँ जन्नत-ए-हूरों की चाह लिए फिरता रहा,
हर दिन हुस्न-ए-हूर पे मरता रहा।
इक सुबह टूर पर जागा!

जल्दी में होटल से एयरपोर्ट निकला,
चार हूरों को देख होटल लौबी में फिसला।

एयरपोर्ट में बीस बाइस हूरों की ठिठोली थी,
कुछ पर उसकी नीयत डोली थी।

फिर कालेज कार्यक्रम में बारह-चौदह हूरों के गीतों में
रमा रहा,
नीचे बारात में आठ-दस हूरें देख, नजरों से बचा रहा।

वापस होटल में फेसबुक में दस-बारह हूरों को झाँका,
कमरे में टी वी हर चैनल आठ-दस हूरों को ताँका।

फिर एक फोन आया, चिढ़कर उसने उठाया!
इतने व्यस्त मेरा फोन क्यों नहीं उठाया?
क्या मेरा ख्याल तुम्हें न आया?

डाँट कर पूछा किसी ने- क्या दवा पी और खाना खाया?
बाबूजी संग अस्पताल गई, बच्चों को स्कूल भिजवाया।
सौ डिग्री बुखार है, दवा नहीं मिल पाई!

घर पर पूरा राशन भी ले आई हूँ,
तुम्हारे लिए नया कुर्ता भी मंगाई हूँ।

यह हमसफर थी जो हर ख्याल वो करती थी,
और खुदा की सच्ची इबादत रखती थी।

दुनिया में हूरें सब छलावा है!
हुस्न ही हुस्न मिलने पर भी नाकाफी है,
जीवन में एक सच्ची प्रेयसी या वफादार बीबी काफी है।

बहत्तर हूरें तो हर दिन शायद दिख जाएँगी,
अगले दिन कोई नई फसल उग आएँगी।

खुदा का रास्ता तो कर्मों से होकर जाना है,
हूरों की ख़ातिर जन्नत तो बस हवस को बुझाना है।

4. पत्थरबाज

पत्थरों के ढेर, दुकानें खाक हैं,
कोहराम सरेआम मचाते क्यों हैं!

इक प्रदर्शन में सौ साजिशें हैं,
मासूमियत का मुखौटा लटकाते क्यों हैं!

कठपुतलों की भीड़ है हर शहर,
मजहब वाले इतना बरगलाते क्यों हैं!

कोई बोतल बम, कोई बंदूक बना रहा,
चेहरा नकाब से ढाकते क्यों हैं!

विरोध करना है, तो सलीका रखो,
नफरत के परचे बाँटते क्यों हैं!

जो रोटी-कपड़ा ना दिला सकें,
उनको रहनुमा बनाते क्यों हैं!

मुल्क और भाईचारे का ढोंग है बस,
घर अपना है, तो जलाते क्यों हैं!

5. चुनाव चिन्ह लूट

हाथी, पंजा, झाड़ू, कमल या लालटेन,
सबने अपनी-2 बारी लूटा हिन्दुस्तान है।

बेरोजगारी और टूटी छतें चारों ओर,
पर नेताओं के बंगले बड़े ही आलीशान हैं।

चुनावी मौसम हर गली, हर दुकान, हर शहर,
वादे बाँटते टोपीधारी नेता हर मकान हैं।

नोटों के बोरों की ख़ातिर 'मूषक नेता',
बेचते अपना धरम-ईमान हैं।

लोकतंत्र के ताज में शासक बदले,
जनता वहीं, हाथ जोड़ परेशान हैं।

6. सेल्फी

यहाँ-वहाँ अपना हाथ उठाए फिरते हैं,
किसी को नदी लपेट लेती है,
कभी ट्रेन से रपटते रहते हैं।

यह नए दौर का शौक है साहब,
यहाँ सब सेल्फी पर मरते हैं,
या सेल्फ लेते मरते रहते हैं।

सेल्फी को अजब जगह पर,
टेड़ा-मेड़ा मुँह दिखाकर,
लाइक और कमेंट्स जुटाते रहते हैं।

वीडियो के एप्स में,
सैलेब्रिटी बनने की होड़ लगी है,
जहाँ औनलाइन मुजरा-सा करते हैं।

सेल्फी को अंतरराष्ट्रिय खेल बना दो,
बहुतेरे लोग इसमें हरदम,
कड़ी प्रतिस्पर्धा में रहते हैं।

7. पहाड़ और आपदा

गुलदार आया और इंसान ले गया,
कहाँ जाएँगे जानवर सब?
हमने उनके जंगल में शहर बसाया है।

लहर आई और शहर डूब गया,
कैसे रोकोगे धारा को?
हमने नदियों की धारा पर कच्चा बाँध
बनाया है।

पहाड़ में सड़कें धंसती गईं,
कैसे बाँधोगे मिट्टी को?
हमने यहाँ इतना बारूद जो बिछाया है।

भूकंप से इमारतें ढहती रहीं,
कैसे रोकोगे कंपन को?
हमने कमजोर नींवों से मकान बनाया है।

सैलाब सब बहा ले गया,
कब रोकोगे बाँध में डुबोना?
तभी तो बादल फट कर आया है।

भगवती प्रसाद पंत

विकास की जरूरत बता,
कुदरत का प्रकोप दिखाकर,
क्यों लालच छुपाते हो?

विकास के नाम पर हमने ही,
पहाड़ों में रायता फैलाया है।

8. सीसीटीवी की आँखें

तुझे मुझे, सबको धूरती हैं ये आँखें!
रिश्तों के तार, सड़क में रफ्तार,
जुर्म के पाँव, खेल के दाँव,
सबकी गवाह है ये आँखें।

उतरते कपड़ों, बेवजह लफड़ों पर,
ऊपर व्यापार, नीचे भ्रष्टाचार,
सबपर नजरें गढ़ाती है ये आँखें।

कौलर में दुबकी, दीवारों में चिपकी,
डंडों से लटकी, हवा में उड़ती,
शोहरत भी, जिल्लत भी लाती है ये आँखें।

दिन के उजालों में, अंधेरे गलियारों में,
चोर और पुलिस की हमसफर,
अँधे कानून की धुँधली-सी रोशनी है ये आँखें।

9. फाइव स्टार अस्पताल

अस्पताल भव्य फाइव स्टार,
जहाँ रोगी मर्जी से भीतर जाता।

दसों टेस्ट, सुई चुभवा, बिल चुकाकर ही,
अस्पताल की मर्जी से बाहर आता।

छोटी खाँसी, हल्की छींक लेकर जाओ,
लंबा परचा, महंगी दवाईयाँ संग लाओ।

सबका अपना-२ कमीशन परफैक्ट है,
टीपीए है, तो एक्सट्रा लूट सैट है।

कालाबाजारी में प्राण वायु भी,
लाखों में बिकने लगती है।

दवा सोने-सी, एंबुलेस की सवारी,
राफेल की कीमत पर मिलती है।

अमीर का यहाँ सही उपचार है,
गरीब को तो पैसे की मार है।

अस्पताल में भगवान दो बार याद आते हैं,
भरती होने पर और,
फिर बिल देखकर।

10. शहर

मुंडेरों कबूतर थे जहाँ,
आज ड्रोनों का विचरण है।

आसमान और साँसों में,
घुले काले धुँए सघन हैं।

बचे खेत, सूखते पेड़,
सब इमारतों में दफन हैं।

सूखते नल, बरसाती सड़कें,
पानी के टैंकरों का चलन है।

शरम के सारे दुपट्टे फटे,
सब फैशन में नगन हैं।

हमसफर सबका है यहाँ,
पराई स्त्री से जलन है।

मेहनत को बसे लोग,
सियासी फ्री-फंड में मगन हैं।

भगवती प्रसाद पंत

रिश्तेदार बहुत हैं पास,
पर रिश्तों में चुभन है।

ई-एम-आई है लोन की,
अपना घर होने का भरम है।

फैली है पैसों की चादर,
यही जिन्दों का कफन है।

इश्क की मीनार अपनी कभी,
आज खंडहर में दफन है।

11. मैं कौन हूँ? - भाग ३

मैं वो हर बैंक जो खुद दिवालिया हो जाए।
मैं वो हर मोबाइल जो बिना सिम के आए।

मैं वो हर भूत जो मंदिर की चौखट से मुड़ जाए।
मैं वो हर पागल जो पागलखाने में मर जाए।

मैं वो हर पत्थर जो राम नाम लिख तैर जाए।
मैं वो हर शेयर जो कभी मुनाफे में ना आए।

मैं वो हर भाषा जो आँखों से बोली जाए।
मैं वो हर सोना जो चिता की राख से बटोरा जाए।

मैं वो हर आँसू जो आँखों में पोंछे बिन सूख जाए।
मैं वो हर लटकता घंटा जिसको कोई ना बजाए।

मैं वो हर मीम्स जिसपर लाइक बटन डिसेबल आए।
मैं वो हर कानून जो कभी माना न जाए।

मैं वो हर जल्लाद जिसकी आँखों से आँसू आए।
मैं वो हर विग्यापन जो प्रोग्राम ज्यादा कमाए।

मैं वो हर परिंदा जो करंट से जल जाए।
मैं वो हर सरहद जो नो मैंन्स लैंड कहलवाए।

मैं वो हर चुनाव चिन्ह जो हर चुनाव हार जाए।
मैं वो हर जनम जो युगों बाद आए।

मैं वो हर पाप जो चित्रगुप्त लिखना मिस कर जाए।
मैं वो हर पागल जो पागलखाने में मर जाए।

मैं वो हर आत्मा जो वीरानों में भटकती जाए।
मैं वो जीवन का हर लमहा जो तुझ बिन जिया जाए।

अध्याय 4 - नौकरी

इक सवाल से तुम अक्सर बचना चाहते हो,
जब कोई पूछता है, कितना कमा लेते हो!

- औफिस कैब के लोग

जमींदारी, बँधुआ मजदूरी,
सरकार, देश भी बिकते देखे,
हर सदी, नए रूप आता है ये लोन।

- लोन

1. कितना कमा लेते हो?

इक सवाल से तुम अक्सर बचना चाहते हो,
जब कोई पूछता है, कितना कमा लेते हो!

यह सवाल असमंजस में छोड़ता है,
शादी को कोई पूछे, कितना जुटा लेते हो।

यह सवाल कई और सवाल खड़े करता है,
जब बच्चों का एडमिशन या लोन लेते हो।

यह सवाल कुछ दिन ही अच्छा लगता है,
जब नई नौकरी की जुगत लगा लेते हो।

यह सवाल जब सरकार पूछ ले तो,
सालभर मेहनत का टैक्स कटा लेते हो।

इच्छाओं के हाथ, पैर बहुत लंबे होते हैं,
उन्हें ढकने में सारी उमर लगा लेते हो।

कमाई खुशी का एक कारण है, आधार नहीं,
तुम मुरझाए-से, कमाने में ही जीवन बिता लेते हो।

2. लोन

रोज सुबह दौड़ाता है,
उधारी से महल बनवाता है,
किश्तों में चुकवाता है ये लोन।

मकान, नई गाड़ी, पढ़ाई,
बिजनेस, यात्रा, शादी,
संभव करवाता है ये लोन।

कारोबारियो-बैंकों का गैंग,
गबन कर फरार होना,
कानून को ठेंगा दिखाता है ये लोन।

अमीर दिखने का स्वांग है,
ब्याज दरों में उलझाता है,
गरीब ही बेबस, चुकाता है ये लोन।

जमींदारी, बँधुआ मजदूरी,
सरकार, देश भी बिकते देखे,
हर सदी, नए रूप आता है ये लोन।

3. बौस की मीटिंग

सी ई ओ की अगुवाई है,
बोर्ड मीटिंग बुलवाई है।

शीशे की टेबल चौतरफा,
टाई सूटों का झुंड सजा।

कहीं रौबीले तोंदू मैनेजर हैं,
कुछ बेजुबान फौलोवर हैं।

कई जुबान बौस के जूतों की मिट्टी है,
बौस के सवालों पर गुम सिट्टी है।

बेहतरीन करने का बिरला जज्बा,
इस भीड़ में एक दो में ही बड़ा।

पर क्रेडिट के ताज को सिर बिठाने,
गुट आपस में ही भिड़ा।

4. मैं टिफिन हूँ

मैं टिफिन हूँ,
कई रंग-रूप मेरे,
चपटा हूँ, गोलाकार हूँ।

मुझे छीन-झपट खाने वालों,
या छुपा कर चबाने वालों,
सब घरों का डिब्बाबंद प्यार हूँ।

बिन खाए घर लाया जाऊँ तो,
लोगों की व्यस्तता का,
एक समाचार हूँ।

नए जोड़ों का खास कनेक्शन,
लंच में होती चुटकियों का,
मूक दर्शक कलाकार हूँ।

दाल-चावल, सब्जी-रोटी,
इडली, सबको समेटे,
भूखों को उपहार हूँ।

घर, दफ्तर खाना पहुँचाने,
वालों का जरूरी रोजगार हूँ।

5. इंटरव्यू

पोथी पढ़-2 जग मुँआ,
पंडित भया ना कोय।

इक जुगाड़ हो तो,
सारे इंटरव्यू क्लीयर होय।

रातभर रटो कितना,
सेटिंग से ही इंटरव्यू में,
दिन सुहाना होय।

ख्वाब भरो जितना,
कंपनी थमा दे वो काम,
जो करवाने होय।

सेटिंग से प्लेसमेंट हों,
हाइरिंग ऐजेंसियाँ की,
कौलेजों में लूट होय।

प्राइवेट नौकरी गजब साहब!
पैसे खातिर कूद-फाँद है,
आराम दिखे तो ही,
अपना टिकना तय होय।

6. औफिस कैब के लोग

अधूरी नींद, अधूरे काम छोड़कर,
औफिस कैबों में सुबह-शाम चढ़ते लोग।

कान में धागा ठूँसे, ख्वाबों के नशे में लोग,
शेयर, फेसबुक-इंस्टा, प्यार-तकरार में फँसे लोग।

और............

मोम बदन, गरम मिजाज ओढ़ते लोग,
काँच से कमजोर सपने जोड़ते लोग।

बौस की सदाबहार बुराई में रमे लोग,
नई सैलरी, नौकरी जुगाड़ में जमे लोग।

घर, बीबी, सास, बीमारी, बच्चों लुत्फ लेते पिसे लोग,
सुंदर अकेली महिला को उचक देख लेते लुत्फ लोग।

और...........

जाम में फँसे, दूसरों को गरियाते लोग,
सड़कों पर घंटों समय खपाते लोग।

भगवती प्रसाद पंत

घूमने-फिरने का प्लान बनाते लोग,
किसी बहाने, वक्त पर गायब होते लोग।

अपने इरादे छुपाते, मजबूरियाँ गिनाते लोग,
उधार लेकर मुँह छिपा, गायब हो जाते लोग।

कैब से उतर चाय, पराठा, सुट्टा लगाते लोग,
फिर आफिस में अपना समय बिताते लोग।

फिर...........

औफिस बाद थक कैब में लुड़के लोग,
बौस के तानों, नाउम्मीदियों से चिढ़े लोग।

हाल-चाल पूछना, मुसकाना भूलते लोग,
बस इंटरनेट के मकड़जाल में धँसे लोग।

नींद, थकान, काम, इश्क में मजबूर लोग,
हर दिन घर, कैबों से उतरते मजदूर लोग।

खैर...........

कहाँ से आते हैं ये लोग?कहाँ जाते लोग?
क्यूँ चक्के में पिसते जाते हैं ये लोग?

जीवन की कैब के पहिए में जकड़े,
मैं, तुम, हम सब ही हैं ये कभी ये लोग........

7. यमराज से वीडियो काल

वीडियो काल पर यमराज हुए साक्षात् लाइव,
बोले वत्स! रह गए शेष दिन तेरे बस फाइव।

कोरोना में आत्मा कनेक्ट हुआ औनलाइन,
अंतिम इच्छा बता, बैंकाक या रसियन वाइन?

कर जोड़ विनती में किया सवाल,
हे यमदेव! साथ चलूँ यूँ बदहाल?

जीवन भर पलता रहा मलाल,
इक अच्छा एप्रेजल हो बस इस साल।

यमराज ने फोन घुमाया मैनेजर को,
मैनेजर ने फिराया बोला- रेटिंग-वेटिंग ठीक है।

सैलरी चरचा सबकी सन्नाटे में है,
इस साल कंपनी फिर घाटे में है।

यमदूत मैनेजर से फौलोअप लेता हर साल,
मैनेजर बदले, एप्रेजल यथावत् बदहाल।

भगवती प्रसाद पंत

थक हार यमदूत झल्लाए,
बोले तुझे जो करना है कर।

तुझे क्या ले जाऊँ ऊपर,
तू यहीं एप्रेजल को मर।

8. आउटसोर्सिंग

ब्रह्माजी के प्रपोजल पर,
धरती पर आत्माएँ उठाना,
बहीखाता आउटसोर्स हुआ है।

बैंगलोर की कंपनी को कौन्ट्रैक्ट दिलाया है,
औटोमेशन का फायदा कंपनी ने गिनाया है।

ब्रह्म मुखों को थ्रीडी वीआर सिस्टम मिला है,
यमराज का दिल फ्री वेकेशन से खिला है।

पर चित्रगुप्त का ईमानदार काम है,
रिश्वत लेना उनके लिए हराम है।

वह कंपनी का मुनाफा देख हैरान हैं,
इतनी कम सैलरियों से परेशान हैं।

कर्मचारी रात-दिन मेहनत में मर रहे हैं,
मालिक मुनाफों से जेबें भर रहे हैं।

चित्रगुप्त ने कंपनी अधिकारी को शिकायत की,
उल्टा यौन शोषण केस की धमकी मिली।

ब्रह्मा-यमराज के अनसुनी के मंसूबे हैं,
दोनों कंपनी के गैजेट्स में डूबे हैं।

वो मंथली रिपोर्ट से खुश लगते हैं,
चित्रगुप्त ही अब कामचोर दिखते हैं।

चित्रगुप्त को कौस्ट कटिंग की चिट्ठी मिली है,
नए स्किल सीखने की हिदायत लिखी है।

आउटसोर्सिंग की गाज चित्रगुप्त पर गिरी है,
आज उनकी ही नौकरी छिनी है।

9. ठेले के मेले

कंपनियों में लोग जहाँ कमाने लगे,
बाहर कई ठेलों के ठिकाने लगे।

चाऊमीन, बर्गर, लिट्टी चोका, भल्ले,
राजमा चावल, भटूरे, परांठे लोग दबाने लगे।

चूइंग गम, पान मसाला, कुल्फी चूस,
सुट्टे की विष फुंकार उड़ाने लगे।

बिखरे कागज, प्लास्टिक,
कूड़े का ढेर लगाने लगे।

आँखें बचा, आँखें मिला,
प्रेमी जोड़े आने जाने लगे।

जूस-कौफी के सिप में,
बगलों नजरें गढ़ाने लगे।

चाय की चुस्की में बौस को गरिया,
नए इंटरव्यू का प्लान बनाने लगे।

ठेलों के पास कई लोन,
ब्राडबैंड की परचियाँ थमाने लगे।

कमेटी, पुलिस कमीशन हड़प,
अपनी साइड इनकम चलाने लगे।

आतंकी वाइरस से ठेले वीरान,
वाइरस खतम, तो नए ठेले छाने लगे।

हम भरते अपना पेट हैं,
बस काटते अपना समय हैं,
हमसे ये अपनी दुनिया बसाने लगे।

10. आफिस का प्रिंटर

सबके आफिस का प्रिंटर,
सामाजिक सेवा का पर्याय है।

दफ्तर या घरेलू कागज हों,
सबको बिना रंगभेद छापता है।

जिस आफिस में प्रिंटर फ्री हो तो,
हर कमर्चारी बड़ा संतुष्ट दिखाई देता है।

गर खराब हो प्रिंटर तो फिर,
सब कामकाज ठप सुनाई देता है।

पर मंदी में इस पर निगरानी बढ़ती है,
इसके संचालन की गाइडलाइन प्रसारित होती है।

मंदी हटते ही इस पर फिर मनमानी होती है,
इसकी मरम्मत की सबने ठानी होती है।

लोग घरेलू छोटू प्रिंटर जोड़ते हैं,
पर आफिस प्रिंटर से नाता नहीं तोड़ते हैं।

11. पंचनामा

मिस हो या मिस्टर!
अंगूठा अथवा औनलाइन,
लटकता कार्ड या कागजी रजिस्टर।

बीप हो, हरी बत्ती हो, सिग्नेचर हो,
उपस्थिति दर्ज रखना दरकारी है।

प्राइवेट या कोई भी सरकारी है,
"पंचिंग" हर कर्मचारी की जिम्मेदारी है।

बहुतेरे ईमानदार कामगार लोग हैं,
दो पंचिंग के बीच, चाय, सुट्टे,
चैटिंग, बैक बाइटिंग के प्रलोभ हैं।

कालेजों में प्रौक्सी का चलन है,
ऐसी सुव्यवस्था नौकरी में नसीबन है,
ऐसी हसरत अब प्रेमिका-सी स्मरन है।

न्यूनतम मेहनत की मंशा,
सबमें चिंगारी-सी सुलगती है।
पर यथासमय पंचिंग भूल से,
छुट्टी-सैलरी की लग-भी सकती है।

वैश्विक दुनिया में फैला धंधा है,
सातों दिन-चौबीस घंटे का फंदा है।

खून-चूसना कंपनियों की मजबूरी है,
तो "पंचनामा" कायदाना भी जरूरी है।

अध्याय 5 - कवि की कल्पना

ऐ जिंदगी! मेरे सीने के सारे जहरबुझे तीर तुझे लौटा
रहा हूँ,
साथ में तरकस भी तोहफे में खरीद कर लाया हूँ।

- मेरी सूरत पे न जा!

ऐ मौत! तू दबे पाँव क्यों आती है!
जरा पाजेब पहन, आहट देकर आ,
नौ महीने पेट फुला कर आ।

- मौत! कुछ तो बता

1. मेरी सूरत पे न जा!

मेरी सूरत पे न जा, ऐ हाकिम!
मैं चाय के ढाबे से,
चरस खरीद कर लाया हूँ।

लोगों के शोर में मौन रहा हूँ,
उनकी बहस खरीद कर लाया हूँ।

सियासी नौटंकी से ऊबासी लगी,
मनोरंजन को पूरा सर्कस खरीद कर लाया हूँ।

रातभर रोशनी से पलकों पर नींद नहीं है,
जहन की अमावस खरीद कर लाया हूँ।

ये धरम के ठेकेदार सुनते नहीं हैं,
नए कुछ राक्षस खरीद कर लाया हूँ।

उनकी याद का एक लम्हा ले रहा हूँ,
और यादों का बरस खरीद कर लाया हूँ।

ऐ जिंदगी! मेरे सीने के सारे जहरबुझे तीर तुझे लौटा रहा हूँ,
साथ में तरकस भी तोहफे में खरीद कर लाया हूँ।

2. स्पीड ब्रेकर

सड़कों के काले जिस्म पर,
कुछ लकीरों से उगे उभार।

यहाँ एक-दो दिखेंगे,
वहाँ स्पीड-ब्रेकर दो-चार हैं।

कोई आधे टूटे-बने,
या आधे विलुप्त हुए।

महंगें वाहनों के घमंड को भी,
तबियतन करते तार-तार हैं।

कहीं किलोमीटर में दस या,
दस किलोमीटर में एक बने।

एक्सेल तोड़ने, सर फोड़ने में,
बढ़े मंझे कलाकार हैं।

नई नवेली सड़कों पर इनकी,
सफेद लकीरदार पोशाकें सजीं।

पहली बारिश ही धुल जातीं,
बनावट का ना कोई आधार है।

भगवती प्रसाद पंत

अंधेरी सड़कों पर ऊँचे ब्रेकर,
इनकी आपसी दोस्ती खैफनाक।

लापरवाहों का रक्त ही,
इनका असली श्रंगार है।

इनके आगे ब्रेक दबा-सर झुका,
अदब से निकलो सब जरा!

जल्दबाजों से इंतकाम लेते,
स्पीड-ब्रेकर बारंबार हैं।

3. जानवर की जुबान

बंगाली हो या हो गुजराती,
कश्मीरी या हो अन्नामलाई,
अमरीकी हो या फिर हो अफगानी, भाई!

धरती के पशुवों की बोली,
उड़ते परिंदों की सरगम टोली,
कीड़ों का कोलाहल, मेंढकों का टर्राहट,
यह देश, स्थान, मुख देख ना बदले, भाई!

पाकिस्तानी गाय जैसे घास चरे,
हिंदुस्तानी गाय भी विचरे और रंभाए।
यूरोपीय बगुला जैसे मछली ताके,
अजगर पूरा शिकार निगल जाए, भाई!

कुकुर हर देश में वफादार मिलें,
गधे, गधे-सा खूब बोझा उठाए।
कोई उनको पाले प्रेम-लाड़ से,
कोई काटकर मटन बनाए, भाई!

यह सब पशु-बोली हैं, समान व्यवहार,
सब प्रेम की सर्वव्यापक भाषा-सी।
जो सब जगह एक-सी बोली जाए,
प्रेम की बोली, प्रकृति भी दर्शाए, भाई!

भगवती प्रसाद पंत

चार कोस या चार समंदर,
मानव बदले, बोली बदले।
रिश्ते-नाते, भगवान-खुदा बदले,
पर पशु ना बदले, भाई!

पशु जो अपनी बुद्धि लगाए,
उसमें छल, दंभ और दिखावा मिलाए।
तो सब पशुओं की भाषा भी,
चार कोस में बदलती नजर आए, भाई!

4. मौत! कुछ तो बता

ऐ मौत! तू दबे पाँव क्यों आती है!
जरा पाजेब पहन, आहट देकर आ,
नौ महीने पेट फुला कर आ।

थोड़ी मोहलत तो दे दे लोगों को,
सबकुछ छोड़ के जाने के लिए।
कोई तुझे डायन कहता है,
कोई दुल्हन-सा देखता है।

अपना कोई कानून तो बता,
क्या कहूँ तुझे अपनाने के लिए?
ये रोते-रोते पैदा होना,
अपने सुख-दुख के हिस्से।

सब कुछ बटोरने की हसरत,
तू आती है चलती-फिरती तरकीबों पर,
अपनी मरजी चलाने के लिए।

कोई दौलत बटोर कर जीते,
कोई मोहब्बत में संवरकर जीते।

भगवती प्रसाद पंत

कोई जीते जी ही मर जाए,
कोई मारकर जश्न मनाए,
पर क्या तरकीब है तुझे हराने के लिए?

करम और इच्छा पीछा नहीं छोड़ते,
सच है कफन में जेब नहीं होती।

बताकर आती है, तो भी तड़पाती है,
कोई और तरीका भी तो निकाल,
जिंदगी को उसकी औकात दिखाने के लिए।

5. रोटी

तू भी खाता है, मैं भी खाता हूँ,
अपने अपने हिस्से की रोटी।

निगलते कई किस्मत की फूली रोटी,
गुलामी में है जिल्लत की भीगी रोटी।

मीठे रस में गुँथी मेहब्बत की मीठी रोटी,
नफरत में सुलगी बारूदी झुलसी रोटी।

जिम्मेदारियों की उम्मीद है भरपेट रोटी,
मेहनत की पसीने में नरम है रोटी।

शान से लाते पिज्जा की गरम रोटी,
कूडेदान से धोकर खाते, कुछ सूखी रोटी।

बर्बाद होती है कई आकार की रोटी,
नसीब ना होती कहीं, दो जून की रोटी।

6. कुत्ते का संदेश

हे आदम!जब तू बंदर-सा,
पेड़ों से उतरा था,
मैं तेरे पास ही था।

अब तू नजरों से गिर गया,
तब भी मैं तेरे साथ ही हूँ।

रातों भौं-भौं करके तुझे,
कई बार लुटने-पिटने से बचाया है।

पर तूने मुनसीपालिटी बुला,
मेरे कुनबे को उठवाया है।

बारूदों को सूँघ-सूँघ कर,
तुझे हर बार बचाया है।

तूने मटन के नाम पर,
हमें होटलों में सजाया है।

रूखी-सूखी रोटी खाता हूँ,
तेरी जैसी लार नहीं।

भूखा हूँ, बेघर हूँ,
पर तुझ-सा गद्दार नहीं।

स्टैंडर्ड दिखाने तुम हमें पालते हो,
वरना लात-पत्थर उछालते हो।

अंतरिक्ष की सैर करके भी आया हूँ,
युधिष्ठिर को स्वर्ग भी पहुँचा लाया हूँ।

हमने तो फिल्मों में भी,
ऐक्टिंग में नाम कमाया है।

तुमने तो बसंती को ही,
कुत्तों के आगे नचवाया है।

हम जो कभी बेकाबू हो,
दाँत गड़ाते हैं।

बस अपनी लाचारी, भूख,
दुनिया को बताते हैं।

अच्छी नस्ल के हों तो,
थोड़ी-सी इज्जत पाते हैं।

वरना हम कुत्ते हैं, कुत्ते-सा जीते हैं,
कुत्ते की ही मौत मर जाते हैं।

अध्याय 6 - नज़रिया से

तुम मेरे जीवन का वैधानिक टिकट थी,
पर तुम बिन भी जीने की लाचारी है।

- बिना टिकट रेल सफर

रोज-रोज हाथ छुडाकर जाना तेरा,
दुनिया के भय से, डर जाना तेरा।
कैद तुझे अब करने ब्लैक में,
इक षडयंत्र रचाता हूँ।

- ब्लैक होल

पूछा था, कुर्बानी क्या है?
इसका पूर्ण विस्तार करो!
मैं 'प्रेम तुम्हारा' लिखकर,
कलम वहीं पर तोड़ आया।

- जीवन के प्रश्न पत्र

1. मेरी नटखट बिटिया

मेरे जीवन के चित्रहार की,
सुंदरतम गीतों की लड़िया,
मेरी नटखट बिटिया।

टीवी से चिपकी,
माँ आँचल दुबकी, मेरे कंधे लटकी,
मेरे पते खुशियों की चिठ्ठिया,
मेरी नटखट बिटिया।

मनमौजी, इठलाती, तुतलाती,
मेरे कदम सुन, टकटकी लगाती,
उड़ती, गाती, मेरी डाली की चिड़िया,
मेरी नटखट बिटिया।

मेरी दाल का नमक, चाय की चीनी,
मेरे जीवन की, तपती-जलती रोटी में,
मक्खन की टिकिया,
मेरी नटखट बिटिया।

तीन पग वामन ने बाली की नापी धरती,
वो दौड़-दौड़ तीन पग, नापे मेरी कुटिया।

2. बिना टिकट रेल सफर

आज बिना टिकट रेल सफर कर रहा हूँ,
पहली बार है, थोड़ा डर रहा हूँ।

कमोड के पास एक घंटे से खड़ा हूँ,
कौन सीट पर जगह है, यह मढ़ रहा हूँ।

कुछ शहंशाह की तरह सीट पर फैले हैं,
किसी की सीट पर बड़े-बड़े थैले हैं।

हिकारत से कुछ नजरें मुझे देख रही हैं,
जैसे मैं जेबकतरा, उनके लिए खतरा हूँ।

कोई एक इंच भी ना देने को तैय्यार है,
शायद हम सीट वालों का यही व्यवहार है।

टीटी आए तो, सीट के जुगाड़ का प्लान है,
दूरी है, यात्रा जरूरी है, समय नहीं आसान है।

तुम मेरे जीवन का वैधानिक टिकट थी,
पर तुम बिन भी जीने की लाचारी है।

सफर तो कट ही जाएगा जैसे-तैसे,
पर इज्जत कम, मसक्कत बड़ी भारी है।

3. प्लूटो

हे प्लूटो!बौना कहकर तेरा,
भरी बिरादरी उपहास हुआ।

ग्रह परिवार, सौर मंडल से भी,
तेरा अपमानित निकास हुआ।

मेरे प्रेम को छुद्र बतानेवालों से,
धरती पर मेरा भी बहुत विवाद हुआ।

दुनिया के रीति-रिवाजों में उलझकर,
हमें बड़ा अवसाद हुआ।

सूरज की आँखों-सी दुनिया से छिपकर,
अब वो मुझसे मिल ना पाएगी।

प्लूटो तेरी धरती, वो मेरी,
दुल्हन बनकर आएगी।

ठंडी सतहों को तेरी हम,
प्रेम की धूप दिखाएँगे।

तुझे भिगोने, संग वियोग भरी,
आँसू की गागर भी लायेंगे।

इल्जाम लगा है तुझपर,
तू अपने समीप कण खींच न पाता है।

सौभाग्य हमें सौ प्रकाश बरस दूर,
तू हमें खींच लाता है।

बस तुझ तक आने का,
इक विमान बनाना बाकी है।

कोई खोज ना पाये हमें,
ऐसा विग्यान बनाना बाकी है।

बस तू अपना अस्तित्व बचाये रखना,
हम आयेंगे, यह भरोसा बनाये रखना।

4. ब्लैक होल

आँखों में स्थान जहाँ,
मैं भी, वक्त भी थम जाए।

देर से आने, जल्दी जाने की,
प्रथा यहीं खत्म हो जाए।

तुझसे मिलने की ऐसी,
कोई युक्ति बनाता हूँ।

आसमान बीच, ब्लैक होल में,
इक टेबल बुक कराता हूँ।

तारे, ग्रहों, अनंत प्रकाशों में,
तेरे खत, तुझे पढाता हूँ।

बिखरी यादें की संदूकें,
तुझसे ही खुलवाता हूँ।

आसमान बीच, ब्लैक होल में,
इक टेबल बुक कराता हूँ।

मोबाइल में लोकेशन भेज,
उस जगह तुझे ललचाता हूँ।

आनलाइन इस दुनिया में,
इक औफलाइन कुर्सी लगाता हूँ।

आसमान बीच, ब्लैक होल में,
इक टेबल बुक कराता हूँ।

रोज-रोज हाथ छुड़ाकर जाना तेरा,
दुनिया के भय से, डर जाना तेरा।

कैद तुझे अब करने ब्लैक में,
इक षडयंत्र रचाता हूँ।

आसमान बीच, ब्लैक होल में,
इक टेबल बुक कराता हूँ।

5. खोटा सिक्का

नायाब सिक्का, कहकर कभी तुमने,
अपने बटुए में मुझे प्रेम से दुलारा, संभाला था।

फिर कुछ नकली गहनों का स्थान बनाने बटुए में,
खोटा कहकर, मुझे पुलिया से नदी में डाला था।

डूबते-डूबते मैंने कई बार तुम्हें पुकारा भी,
गहनों की ललक में, तुमने मुझे वहीं नकारा था।

फिर इक चुम्बक से चिपक कर बाहर आ पाया हूँ,
इस नदी की तलहटी में कई साल गुजार आया हूँ।

कई कोशिशों, बाजारों के नकली रंगों से,
स्वयं को चमकीले गहने में ढाल पाया हूँ।

आज तुम कुछ जेवर देखने आई हो,
मेरी चमक देख चकित, ललचायी हो।

मैं कौन, मुझसे अंजान प्रतीत-सी हो,
मुझे खरीदने ऊँचा दाम लगा भी आई हो।

धूप, बारिश में मेरा रंग उतर कभी तो जाएगा,
झूठा पानी कब तक जिस्म ढक पाएगा।

शायद तुम्हें तब अहसास होगा,
कि खोटा कौन है?
मैं या तुम।

6. धुँए की बदली

ये धुँए की बदली,
जो आसमान से उतर,
पहाड़ों पर छा रही है।

कुछ फरिश्तों, परियों,
का सफेद नकाब बन,
उन्हें धरती पर ला रही है।

टिन की छत पर टनटनाती बूँदें,
उनके नीचे छिपते आवारा कुत्ते,
किसी आहट से दुम हिला रहे हैं।

सड़क पर भीगते बकरी के बच्चे,
कीट पतंगों, परिंदों के उदघोष,
रूहें को सम्मान जता रहे हैं।

गढ्ढे भरकर अब ताल हो रहे हैं,
पानी का रिसना, झरना हो रहा है,
रूहों का जल स्नान तैय्यार हो रहा है।

पत्ते का हिलते हुए संदेश है,
कि पेड़ों के झुरमुट में,
फरिश्ते अलाव बना रहे हैं।

इन सबसे अंजान आदमी,
चाय की चुस्कियाँ बना रहा है।
शटर बढ़ा रहा है, भाग रहा है,
धुँध में गाड़ी भिड़ा रहा है।

इक हवा मेरे कान में यूँ कह गई,
मेरी चाय बस गले में ही रह गई,
वह मुझे भी ले जाने आए हैं!

शायद पिछली बार टिन के नीचे,
मैं कुछ खत कुत्ते के लिए बिछा आया था,
उस गढ़ढे को अपना अक्स,
कुछ फोटो भी दिखलाया था।

बकरी के बच्चे को गोद में,
लेकर घास भी खिलाई थी,
झरने की झुल्फें भी सहलायीं थीं।

मैं भी चाय छोड़, हवा के साथ चल दिया।

7. तुम बिन जीवन

तुम बिन जीवन कट जाएगा,
ऐसी है उम्मीद, प्रिये!

पत्थर हृदय रख हम जो,
अपनी राहें चल दिए।

छिपा दिया मैंने अपना पत्थर,
जिस जगह हम बिछड़ दिए।

छुआ मन, अब अनछुआ रह जाएगा,
हँसी होगी जीवन में, मजा न रह जाएगा।

बहाने हजार, खुश रहने के,
तुम भी बहुत बनाओगी।

सजे गहनों में, आखों की चमक,
बोलो कहाँ से लाओगी?

द्रुत समय गाड़ी में, अंत समय,
कब आया?ये जान ना पाओगी।

हटा अपने दिल का पत्थर,
फिर उसी जगह पे आओगी।

मेरे ना मिलने पर,
यूँ घबराना, ना प्रिये!

मेरा हृदय और मेरा पत्थर,
तुम्हैं वहीं मिलेगा, ओ प्रिये!

मुसकाता तारा बन नभ से,
देख रहा हूँगा मैं ये सब,
पहचान मुझे तो जाओगी।

आतुर मुझसे मिलने,
अपनी चिता वहीं बनाओगी।

रोने की बात क्यूं?
प्रेम यह शाश्वत रहेगा,
है मुझको अभिमान, प्रिये!

तुम बिन जीवन कट जाएगा,
ऐसी है उम्मीद, प्रिये!!

8. जीवन के प्रश्न पत्र

मैं जीवन के प्रश्न पत्र में,
कुछ प्रश्नों को छोड़ आया।

प्रश्न था,
दुनिया में बेशकीमती कौन है?
हीरा, पन्ना या केसर?
'माँ' विकल्प ना दिखने पर,
मैं उत्तर रिक्त छोड़ आया।

प्रश्न था,
सबसे घातक, जहरीला क्या है?
साइनाइड, पोलोनियम या हलाहल?
'नफरत' विकल्प ना मिलने पर,
मैं उत्तर रिक्त छोड़ आया।

प्रश्न था,
जीवन में सफलता क्या है?
दौलत, शोहरत या ताकत?
'इंसानियत' विकल्प ना छपने पर,
मैं उत्तर रिक्त छोड़ आया।

प्रश्न था,
बच्चों के बचपन में क्या रखना है?
मोबाइल, साइकिल या खिलौने?

'मासूमियत' विकल्प ना होने पर,
मैं उत्तर रिक्त छोड़ आया।

अंतिम प्रश्न कुछ अलग था!

पूछा था, कुर्बानी क्या है?
इसका पूर्ण विस्तार करो!
मैं 'प्रेम तुम्हारा' लिखकर,
कलम वहीं पर तोड़ आया।

9. गुमशुदगी का इश्तिहार

गुमशुदगी का इश्तिहार पढ़कर,
सहसा मुझे याद आया।
रंग गेहुँआ, चमकीले कपड़े,
यही शख्स कल मुझसे टकराया।

जिम्मेदारी के बोझ में जैसे
उसकी आँखें भर आईं थीं।
शायद उसकी अब तक,
कोई नौकरी ना लग पाई थी।

शायद उसका बटुआ कहीं,
सड़क पर खो गया था।
या आटो का भाड़ा सुन,
वो पैदल ही हो गया था।

आँखों में कुछ अँधेरा-सा,
भरकर भी लाया था।
शायद किसी से मोहब्बत में,
बिछड़कर वो आया था।

आज उसकी खोज में,
उसी जगह पर जाता हूँ।
शायद वो मिल जाए तो,
ढांढस उसे बँधाता हूँ।

थोड़े संयम, साहस, मेहनत,
की उसे जरूरत ही होगी।
माँ उसकी दरवाजे की चौखट,
पर आँख टिकाए भी होगी।

आज गुमशुदगी की खबरें हैं,
अखबारों में जिसकी।
कल कामयाबी इन्हीं अखबारों,
से प्रकाशित होगी उसकी।

10. सफल बनने की किताबें

आज सफल बनने की कुछ किताबें पढ़ी हैं,
बड़े कठिन शब्द हैं, सब नीरस बढ़ी हैं।

इनमें न तो साबू-चाचा की बेमिसाल जोड़ी है,
ना नागराज के जिंदा नागों की रस्सी है,
ना चालाक बाँकेलाल की खी-खी हँसी है।

इनमें ना तो रातों को बेखौफ डोगा आया है,
ना बदमाशियों से हरदम बिल्लू छाया है,
ना समझदार ध्रुव राजनगर से आया है।

इन सभी किताबों में हर दिन जल्दी उठना है,
तोल मोल कर ही बोलना सबसे,
शरारत छोड़, समझदारी से रहना है।

इन काली सफेद किताबों में लिखा हुआ,
सबसे बस मतलब का धंधा करना है,
टुकड़ों में ही जीना, सपनों पर ही मरना है।

11. गीदड़ से दंगल

कैमरा लटका कंधे,
निकला मैं, शेर खोजने जंगल।
गीदड़ देख, मार पत्थर,
हो गया इक दंगल।

गुर्राते गीदड़ ने,
रखे असहज सवाल।
तुम शहरी गीदड़,
हो हमसे भी कंगाल।

हम सड़ा मांस खाते,
नरभक्षी ना कहलाते।

शहरी, तुम नरभक्षी,
जिंदा इंसान निगल जाते।

हम सामाजिक, आवाजों से,
आने की आहट देते।
तुम दुबके पैर, पीछे,
छुरा घोंप निकल जाते।

गीदड़ भभकी से बदनाम हम,
तुम भभकियां दे,
लड़ने से घबराते।

चेहरा, दुम, दाँत एक हमारे,
कई चेहरे, दाँत तुम्हारे,
जो मतलब, दूसरों पे तुम गढ़ाते।

कहते, मौत गीदड़ की जब आती,
वो शहर तरफ है आता,
क्यों ना हम मारे जाएँ,
शहरों जब मानव पाया जाता।

सड़ा मांस तुम्हारा मिलने पर,
खुश ना हम हो पाते,
शरीर का जहर तुम्हारे,
ना हम पचा पाते।

हम गीदड़ बन ही खुश,
तुमसे कतराते।

12. वानर

रूप धरा मानव,
कुछ काम जगत ना आता हूँ।
अपने भरण में,
सारी उमर गवाता हूँ।
निरर्थक जीवन,
क्या, ऐसे ही मर जाऊँ?

हे प्रभु, अगली बारी, श्रीराम सेना का,
इक छोटा सा वानर बन जाऊँ।।

रूप, धन पे इतराता हूँ,
अब युद्ध क्षेत्र, लाल मुखी बन,
सारी वानर सेना में मिल जाऊँ।
अहम, वहम बीच घिरा, कुमित्र ही पाता हूँ,
अब रीछ, गिलहरी, भालू को सुमित्र बनाऊँ।

हे प्रभु, अगली बारी, श्रीराम सेना का,
इक छोटा सा वानर बन जाऊँ।।

लंका विध्वंश किया, जिस कपि ने,
उस महावीर की पूँछ सम, कुछ कर पाऊँ।
छुट्टियाँ बहुत हुईं गोवा में,
अब राम नाम का पत्थर डाल,
रामेश्वरम् में तर जाऊँ।

हे प्रभु, अगली बारी, श्रीराम सेना का,
इक छोटा सा वानर बन जाऊँ।।

जीवन बीता, ना समझा, कैसे,
बुढापे की दस्तक सुन पाता हूँ।
तीर, भाला लगे किसी असुर का,
ग़ा लड़ते पत्थर से दब जाऊँ।

हे प्रभु, अगली बारी, श्रीराम सेना का,
इक छोटा सा वानर बन जाऊँ।।

दुनिया के दानव कितने,
काम, क्रोध, मोह, माया,
इन पर विजय ना पाई मैंने,
अब युद्धक्षेत्र में, कुंभकरण को लात,
ग़ा रावण को झापड़ तो कस आऊँ।

हे प्रभू, अगली बारी,
श्रीराम सेना का छोटा सा वानर बन जाऊँ।।

13. चवन्नी भर इंसानियत

बाजार में एक लाचार बूढ़ा,
सेठ से गिड़गिड़ाया।

साहब, बहाने इलाज के बेटा,
इस अंजान शहर छोड़ आया।

घर है जाना,
बस दस रुपये दरकार।

छोटी सी मदद,
ना कोई तैय्यार।

सुनकर सेठानी बुदबुदायी,
पथराई उन बूढ़ी आँखों में,
कुछ चमक-सी आई।

मोटे बटुए से सेठ ने एक,
चवन्नी उछाल दी।

बूढ़े ने वो चवन्नी उठा,
सेठानी के पैरों में डाल दी।

भगवती प्रसाद पंत

उन पथराई में अब,
आँसू का सैलाब था।

शायद वो समझ था चुका कि,
रिश्ते, शहर, बटुए -

सब में इंसानियत,
चवन्नी भर रह गई है।